Die Schildbürger

sind närrische Leute. Ob sie ihr Rathaus ohne Fenster bauen, so daß es stockfinster darin ist; ob sie auf dem Gemeindeacker Salz säen und Brennnesseln ernten, oder ob sie ihre Glocke im See versenken und nicht wiederfinden — immer richten sich ihre Streiche gegen sie selbst. So kommt es, daß man noch heute von einem „Schildbürgerstreich“ spricht, wenn jemand etwas Törichtes tut oder Selbstverständliches unterläßt, was jedes Kind besser gewußt hätte.

Aber das Schönste an all den lustigen Schildbürgerstreichen ist, daß die Narren so herzhaft über sich selbst lachen können. Des Volkes Witz und Weisheit lugt stets unter der Narrenkappe hervor. Das macht das alte Volksbuch heute noch liebenswert.

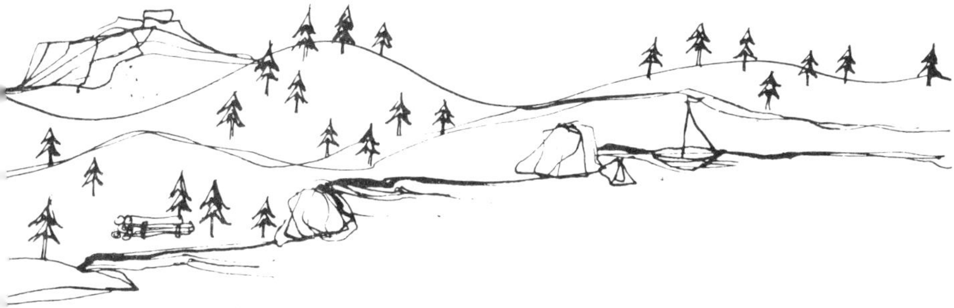

Lustige Schildbürgerstreiche

Dem Volksbuch nacherzählt

von

GÜNTER SACHSE

W. Fischer-Verlag · Göttingen

1. — 20. Tausend

ISBN 3 439 00565 8

Titelbild und Zeichnungen von Ute Martin
Satz, Druck und Einband: Fischer-Druck, Göttingen

INHALT Seite

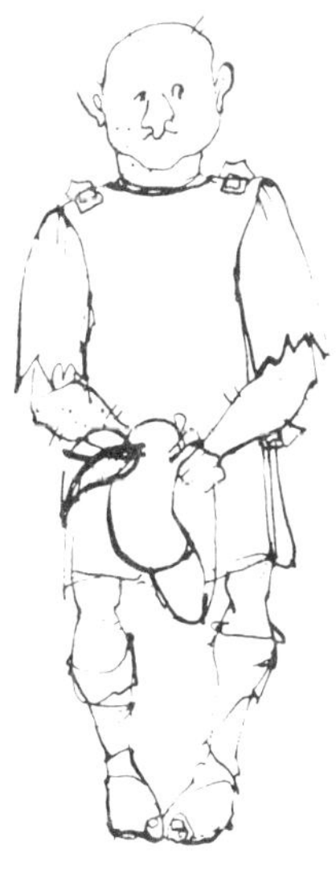

Wie der Schildbürger Taten ans Licht gebracht wurden

Im Jahre 753 nach der Gründung des großmächtigen Königreiches NIRGENDHEIM wurde der Reichstag in die Hauptstadt WODENN einberufen. Dorthin eilten aus allen Gegenden des Reiches und aus den umliegenden Ländern unzählige Leute. Da kamen viele Menschen hohen und niederen Standes, geistliche und weltliche, Adel und Unadel. Denn alle hofften, daß auf dem Reichstag etwas Besonderes geschehen werde. Auch der nirgendheimische König WERWOHL kam in höchsteigener Person. Er wollte dafür sorgen, daß alles ordentlich und gesittet zuginge. Und im Dienst eines vornehmen Herrn reiste auch ich — mein Name tut nichts zur Sache — zu der Reichsversammlung.

Wie es bei solchen Gelegenheiten immer ist, dauerte es eine ganze Zeit, bis alle Teilnehmer versammelt waren. Zum Zeitvertreib begann der Herren Hofgesinde allerlei Kurzweil und Ritterspiel: die einen turnierten und fochten, rangen und sprangen, andere jagten und beizten. Die meisten aber hielten sich an Spiel und Tanz.

Ich aber mietete mir einen Schiffer mit seinem Kahn, um mir auf dem See, an dessen Ufer die Stadt Wodenn liegt, die Zeit mit Fischen zu vertreiben. Das machte mir viel Freude, ich sah die Wellen einander jagen und schlagen und betrog die Fischlein mit meinem falschen Haken. Besonders gefielen mit die lustigen Städte, Flecken und Dörfer, die wie ein Kranz von Blumen um den See lagen.

Einmal, als mein Schiffer mich wieder auf dem See fuhr, besah ich mir die Berge, Wälder und Täler etwas genauer. Da entdeckte ich in einem dunklen Tal, aus dem sich ein kleiner Hügel erhob, die Reste von altem Mauerwerk. Dort mochte wohl vor Zeiten eine Burg gestanden haben.

Ich fragte meinen Schiffer, dem die ganze Gegend wohlbekannt war, was er darüber wisse.

„Dort ist einmal eine kleine Stadt gewesen", sagte er, „Schilda geheißen. Doch heute ist da nur noch eine verfallene Mauer. Sonst ist die Gegend öde und unbewohnt, obwohl es dort Holz und Wasser, auch Felder und Weide für das Vieh genug gibt."

„Aber wie ist das möglich?" fragte ich. „Und was ist aus den Menschen geworden?"

„Das ist eine lange Geschichte", erwiderte er. „Ich könnte sie Euch erzählen, aber ich brauchte wohl etliche Tage dazu. Denn mit den Leuten, die dort gewohnt haben, sind die abenteuerlichsten und wunderbarsten Geschichten passiert, wie man sie in der ganzen Welt noch nicht gehört hat. Und es ist sehr schade, daß sich bis heute noch kein einziger Gelehrter darangemacht hat, der Schildbürger Taten aufzuschreiben und sie ans Licht zu bringen."

Ich darauf: „Wenn das so ist, dann wollen wir uns die Zeit dazu nehmen. Was du mir heute nicht erzählen kannst, das erzählst du mir eben morgen."

„Das will ich gern", sagte der Schiffer, „aber Ihr müßt Euch mit meinen einfachen Worten begnügen. Denn ich kann wohl mit Hacke und Schaufel, mit Flegel und Pflug umgehen, aber nicht mit der Feder."

So wurden wir einig. Sooft ich mit ihm auf dem See spazierenfuhr, erzählte er mir Geschichten, wie sie ihm gerade einfielen. Ich habe sie, so gut ich konnte, geordnet und aufgeschrieben. Später fand ich in einer alten Bücherei noch etwas darüber. Aber der Druck war alt und verblaßt, das Papier von Würmern zerfressen. Manches mußte ich erraten, anderes konnte ich gar nicht entziffern.

Was ich aber über die Schildbürger habe in Erfahrung bringen können, das möchte ich dir, lieber Leser, in diesem Buch vorlegen.

Von der Schildbürger Herkunft, und wie weise sie waren

Über die Herkunft und Geschichte der Schildbürger berichtet keine Schrift. Alles ist in der großen Feuersbrunst, die Schilda zerstört hat, zugrunde gegangen.

Aber die Väter müssen den Söhnen ihre strenge Hand aufgelegt, ihnen nichts Böses nachgesehen und sie zum Guten angehalten haben. So ist es gekommen, daß die Kinder in Schilda fleißig gelernt und sich alle Tugenden erworben haben, vornehmlich Weisheit.

Und obwohl die Welt groß und weit ist, wurden die Schildbürger Kinder bald überall ihrer Weisheit wegen bekannt und berühmt. Denn die weisen Menschen waren damals — nicht anders als heute — gar dünn gesät. Und es wäre ein Wunder gewesen, wenn einer, der sich als Weiser hervortat, nicht wie ein helles Licht weit über die Welt geleuchtet hätte.

So lief der Ruhm ihres hohen Verstandes bald durch alle Länder und Königreiche. Kaiser und Könige, Fürsten, Herren und Städte sandten ihnen Boten, um sich in schwierigen Fällen Rat zu holen. Und da ihr Rat stets der beste war, ernteten die Schildbürger außer Lob und Ehre auch reichlich Gold und Silber und Edelsteine. Denn damals galt die Weisheit noch viel in der Welt und mehr als heute, da die Narren obenauf sind. Doch den Schildbürgern stiegen Ruhm und Reichtum nicht zu Kopfe; denn sie wußten wohl, daß die Weisheit nicht mit Geld zu bezahlen ist.

Bald kam es soweit, daß die Fürsten und Herren ihren guten Rat nicht mehr entbehren konnten, und jeder wollte einen Schildbürger an seinem Hofe haben, damit er ihn bei jedem Geschäft befragen und aus seiner Weisheit Nutzen ziehen konnte. Es dauerte nicht lange, da waren alle Schildbürger Männer von daheim weg, und die Frauen mußten allein fertig werden. Nun mußten die Frauen die Stelle der Männer vertreten in Haus und Hof, auf dem Acker und in allem, was Männerwerk ist.

Nicht, daß sie das etwa ungern getan hätten. Ist es doch ihre Art, den Männern in den Bart zu greifen und daheim die Hosen anzuhaben. Aber wie man sagt:

Des Herrn Tritt den Acker düngt,
des Herrn Aug das Vieh verjüngt,
des Herren Gegenwärtigkeit
hält in Gehorsam Knecht und Maid.
Und wo der Herr nicht selbst kommt hin,
da ist gewiß nur schlechter Gewinn.

Die Frauen mochten sich soviel mühen, wie sie wollten: die Ernten blieben mager, das Vieh wurde dürr und verwilderte. Werkzeug und Geschirr verkam, und das Gesinde wurde faul.

Nun, ein Wunder war's nicht. Die Schildbürger wollten es aller Welt recht machen und hatten daheim nur Schaden davon. Und weil nun weder die Männer ohne die Weiber auskommen noch die Weiber ohne die Männer Haus halten können, mußte der Not ein Ende gemacht werden.

Also kam die ganze weibliche Gemeinde, die inzwischen das Regiment geführt hatte, zusammen und beriet, wie der Schaden behoben werden könne. Nach langem Überlegen und vielem lauten Geschnatter wurde zuletzt beschlossen, die Männer heimzurufen. Zu diesem Zweck setzten sie einen Brief auf und schickten ihn durch sichere Boten an alle Männer. Darin war zu lesen:

„Wir, die ganze weibliche Gemeinde von Schilda, entbieten Euch, unsern getreuen herzlieben Ehemännern, unsern Gruß und geben Euch hiermit zu wissen:

Gottlob ist unser ganzes Geschlecht mit höchster Weisheit und Verstand über die Maßen begabt. Weil nun unser Ruhm in aller Herren Länder gedrungen ist, haben Könige und Fürsten bis in die fernsten Gegenden davon gehört und wollten sich diese Weisheit zunutze machen. Darum haben sie Euch, unsere Männer, zu sich geholt und lange Zeit bei sich behalten. Wir haben wohl Grund zu befürchten, daß sie Euch mit ihren Gaben und Geschenken noch länger von Haus und Hof, von Weib und Kind fernhalten werden, bis Ihr eines Tages Euer Leben dahinten in der Fremde beschließen müßt.

Aber damit ist unserer Sache hier zu Hause gar nicht gedient. Habt Ihr denn nicht bedacht, wie es hier aussieht? Unsere Felder verderben, weil niemand sie bestellt, unser Vieh verkommt; das Gesinde wird faul und aufsässig, und unsere Kinder werden ganz und gar ungezogen.

Habt Ihr in Eurer Weisheit nicht bedacht, daß das Geschlecht der Schildbürger aussterben muß, wenn Ihr nicht endlich nach Hause kommt? Und wißt Ihr nicht:

Jungfrauen Lieb und Rosenblätter,
der Herren Gunst, Aprilenwetter,
falsch Würfel und ein Kartenspiel
verkehrn sich bald — wer's glauben will!

Glaubt Ihr etwa, der großen Herren Gunst währt ewig? Denkt daran: die alten Hunde, deren Zähne stumpf und deren Augen blind geworden sind, die hängt der Jäger an den nächsten Baum! So nämlich pflegt man treue Dienste zu belohnen.

Wollt Ihr noch länger den Fremden dienen und ihr Gut mehren — anstatt daheim im Eigenen zu sitzen, in Ruhe und Frieden zu leben und Euch an Weib und Kind zu erfreuen? Wer aber von den fremden Leuten wirklich Euer bedarf, der wird Euch schon zu finden wissen, oder er hat's nicht allzu nötig.

Also, Ihr unsere lieben Männer, kommt schleunigst heim und auf dem schnellsten Wege! Sonst werdet Ihr bald fremde Vögel in Eurem eigenen Nest sehen und müßt Euch sagen lassen: Vor der Tür ist draußen! Darum seid gewarnt!

Beschlossen und gegeben zu Schilda, mit Eurem eigenen Siegel, das zu verwahren Euch und nicht uns Weibern zustünde, versiegelt und verwahrt.

Auf Jahr und Tag . . ." und so weiter.

Nun kriegten es die Männer mit der Angst. Sie nahmen Urlaub von ihren Herren und kehrten heim, mit Geschenken reich beladen.

Da waren die Frauen froh, und manche empfing ihren Mann recht liebevoll. Aber viele fuhren den ihren auch mit harten Worten an und hießen ihn dermaßen willkommen, daß er lieber mit den Ochsen durch die Stalltür ins Haus gekommen wäre. Und, wie die Frauen sind, viele konnten gar nicht wieder aufhören mit Schelten. Die Männer sollten ja alles wiedergutmachen und von nun an ihre Pflicht desto besser tun. Das versprachen diese, wie sich's gehört, auf Ehre und Gewissen.

Wie die Schildbürger Rat hielten und beschlossen, die Narrenkappe zu nehmen

Am anderen Tag versammelten sich die Schildbürger unter der Linde, wo sie von alters her Rat hielten, wenn's nötig und wenn Sommer war. Im Winter waren Rathaus und Wirtshaus eins, und der Richter saß hinter dem Ofen. Und nachdem sie Gericht gehalten und in kurzer Zeit alle strittigen und schwierigen Fälle, die sich während ihrer Abwesenheit angesammelt hatten, geschlichtet hatten, beriefen sie die ganze Gemeinde hinzu.

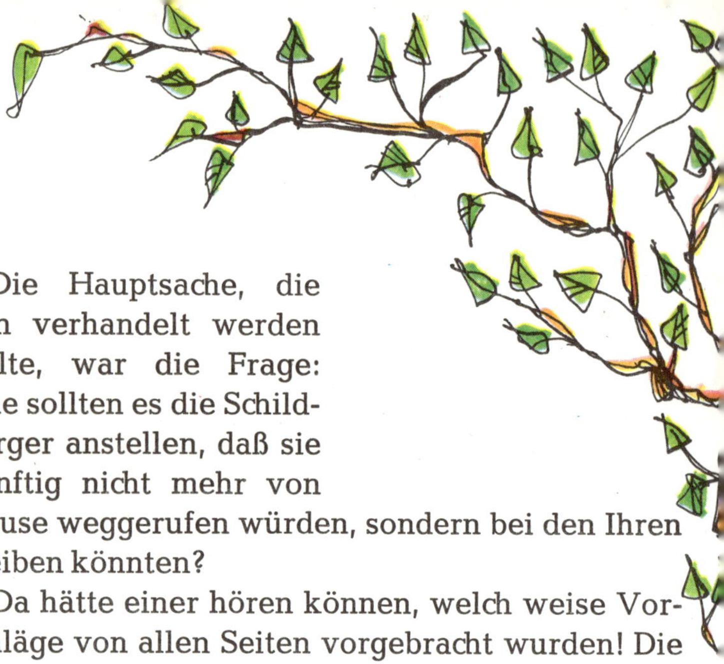

Die Hauptsache, die nun verhandelt werden sollte, war die Frage: Wie sollten es die Schildbürger anstellen, daß sie künftig nicht mehr von Hause weggerufen würden, sondern bei den Ihren bleiben könnten?

Da hätte einer hören können, welch weise Vorschläge von allen Seiten vorgebracht wurden! Die einen rieten, man solle die fremden Herren und ihre Boten gar nicht mehr anhören, ja die Stadttore vor ihnen verschlossen halten. Andere meinten, so arg dürfe man's nicht treiben, aber man solle ihnen nur kurz antworten und so kalte Ratschläge geben, daß sie von selbst abzögen und nicht mehr wiederkämen. Und noch viel mehr wurde geraten; doch wollte sich nichts zusammenreimen, und sie kamen zu keinem Beschluß.

Endlich trat ein alter Schildbürger vor und sagte: „Es ist alles nur wegen unserer Weisheit, daß uns die fremden Herren zu sich einladen und von Hause wegholen. Nur weil wir von hohem Verstande sind, wollen sie unsern Rat hören. Uns wächst davon kein Speck in die Küche. Gegen Weisheit aber, die uns soviel Schaden tut, kann nur Torheit helfen. Hat man uns ob unserer Weisheit geholt, so wird man uns unserer Narrheit wegen daheim lassen.

Es wird aber nicht leicht sein, vom Ruhm des Weisen in den Ruf des Toren zu ge-

langen. Darum meine ich: Es soll ein jeder, Mann, Weib und Kind, jung und alt, die wunderbarsten und abenteuerlichsten Possen reißen, die ihm nur einfallen. Wenn wir all unsere Weisheit leuchten lassen, wird uns das wohl gelingen. Denn auch in der Komödie ist es der beste Schauspieler, der den Narren darstellen muß. Das ist keine geringe Kunst, und mancher, dem sie mißlingt, bleibt ein Narr sein Leben lang.

Laßt uns also mit Fleiß den höchsten Ruhm der Narrheit erwerben, dann werden wir davon keinen Schaden mehr, sondern Nutzen haben."

Dieser weise Rat zur Narrheit ward von der ganzen Gemeinde sorgfältig erwogen. Und da man fand, daß nichts Schlimmes für das allgemeine Wohl daraus hervorgehen könne, wurde beschlossen, ihn zu befolgen.

Daraufhin ging die Gemeinde auseinander. Ein jeder sollte sich in Ruhe überlegen, an welchem Zipfel er die Narrenkappe ergreifen wolle. Da mag manch einer bedauert haben, daß er nach soviel Weisheit auf seine alten Tage noch ein Narr werden sollte. Schließlich aber waren alle bereit, zum allgemeinen Nutzen ihre Weisheit fahren zu lassen und eine andere Geige zu spielen.

So hat also hiermit der Schildbürger Weisheit in unserer Geschichte ihr Ende, und es beginnt die Narrheit.

Die Schildbürger wollen ein neues Rathaus bauen

An einem der nächsten Tage kamen die Schildbürger erneut zusammen, um zu beraten, an welchem Ende nun ihre Narrheit beginnen solle. Und sie fanden nichts Besseres, als fürs erste ein neues Rathaus zu bauen. Pflegt doch in aller Welt die Torheit von dort auszugehen. So wurde es beschlossen, und alle gelobten, mit Leib und Gut dabei zu helfen.

Als nun, wie man so sagt, die Glocken für das neue Rathaus halb gegossen waren, die Ämter verteilt und die Reden gehalten, da fehlte es an nichts mehr. Außer an einem Spielmann, der mit seinen Tönen Bauholz und Steine herbeigelockt hätte, daß sie gelaufen kämen und sich fein säuberlich, wie sich's zu einem Bau gehört, aufeinandergelegt hätten.

Nun war aber kein solcher Spielmann zur Hand. Deswegen vereinbarten sie endlich, gemeinsam ans Werk zu gehen und nicht eher aufzuhören, bis der Bau vollendet wäre.

Doch der Schildbürger Weisheit sollte erst allmählich verlöschen, wie ein Talglicht. So waren sie noch weitsichtig genug, zu wissen, daß man ohne Bauholz und Material keinen Bau beginnen kann. Wären sie damals schon richtige Narren

gewesen, dann hätten sie gewiß ohne Holz, Steine und Kalk zu bauen angefangen.

Darum zogen sie allesamt einmütig in den Wald, der hinterm Berg in einem Tal lag, und fällten Bauholz. Als sie es von Ästen gesäubert und zugehauen hatten, fehlte ihnen nur noch eine Armbrust, mit der sie es hätten heimschießen können. Sie hätten sich damit viel Mühe und Arbeit gespart.

Weil sie aber ein solches Wunderding nicht hatten, mußten die Schildbürger diese Arbeit selbst verrichten. Sie machten sich daher hinter die großen Bauhölzer, spuckten kräftig in die Hände, holten tief Luft und brachten sie mit viel Schnaufen den Berg hinauf und auf der anderen Seite wieder hinunter. Alle bis auf eins, das letzte.

Dieses letzte Bauholz banden sie wie die andern mit Stricken und brachten's mit Heben, Lupfen, Schieben, Stoßen, Rollen, Schleifen, Schleppen,

Tragen, Rutschen, Ziehen, Kehren, Stellen, Winden und Wenden nach links und nach rechts, in die Breite, in die Länge und quer, den Berg hinauf und auf der andern Seite halbwegs wieder hinunter.

Mochten sie nun dieses letzte Holz nicht richtig festgeseilt haben, oder waren die Stricke zu schwach und rissen: kurz, der Baum macht sich selbständig und rollt von ganz allein den Berg hinab bis zu den andern Hölzern. Dort bleibt er liegen.

Und die Schildbürger wunderten sich sehr, daß das grobe Holz so viel Verstand hatte.

Ein Alter sagte: „Wir sind doch alle wohl große Narren und zwölfmaldoppelte Esel! Haben uns soviel Mühe und Arbeit gemacht, diese Bäume den Berg hinunterzuschaffen. Aber keiner hat soviel Witz ge-

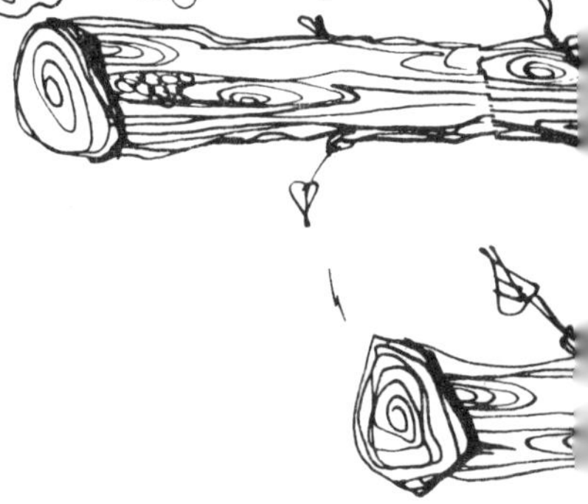

habt, daran zu denken, daß sie von allein viel besser hinuntergekommen wären. Wir Narren müssen eben durch Schaden klug werden."

„Das ist doch halb so wild", rief da ein anderer, „wer sie hinabgeschafft hat, der kann sie auch wieder hinaufbringen! Laßt uns die Ärmel aufkrempeln und uns dahinterstemmen und die Hölzer wieder hinaufschleppen. Dann lassen wir sie ganz gemütlich nach unten rollen und haben unsere Freude am Zugucken als Lohn für all unsre Mühe."

Dieser Rat gefiel ihnen allen ganz ausnehmend. Nur schämten sie sich, daß sie nicht selbst auf den Gedanken gekommen waren. Insgeheim freuten sie sich aber, daß die Narrheit nun wohl in Gang kommen wollte.

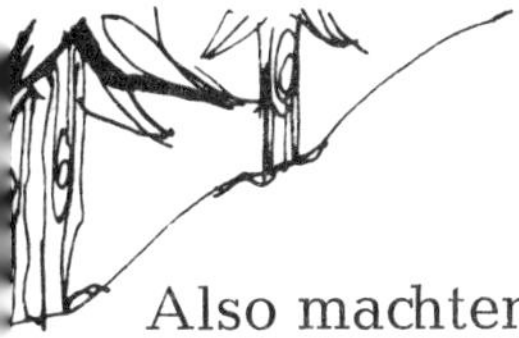

Also machten sie sich wieder an die Hölzer und stemmten die Schultern darunter. Und hatten sie sich zuvor schon mächtig plagen müssen, sie den Berg hinunterzubringen, so war es nun noch viel schlimmer, sie wieder hinaufzuschleppen. Denn sie waren so abgearbeitet, daß sie kaum mehr konnten. Am liebsten wären sie schnurstracks ins Wirtshaus gezogen.

Endlich aber hatten sie es geschafft und alle Hölzer oben. Bis auf das letzte, das sie nur halbwegs hinaufschleppten, weil es ja schon den halben Berg allein hinuntergelaufen war. Denn sie nahmen es sehr genau.

Nachdem sie nun eine Weile verschnauft hatten, ließen sie eins nach dem anderen ganz gemütlich den Berg hinabrollen. Sie sahen zu und hatten ihre Freude daran. Jetzt waren sie zufrieden, weil sie die erste Probe ihrer Narrheit gegeben hatten. Grund genug, fröhlich heimzuziehen und ein großes Loch ins Gemeindegut zu zechen.

Die entfallene Rede

Bauholz hatten sie nun ja, und alles übrige für den Bau Nötige, Steine, Sand und Kalk, schafften sie herbei. Dann gingen die Schildbürger ans Werk. Nach drei Tagen hatten sie die drei Wände — denn sie wollten etwas ganz Besonderes und ein dreieckiges Rathaus haben — aufgeführt und den Dachstuhl gerichtet.

Nun wollten sie das Richtfest feiern und hatten ein großes Faß Bier aufgelegt und ein fettes Schwein geschlachtet. Wo sollten sie es besser feiern als in ihrem neuen Rathaus, wenn auch das Dach noch nicht gedeckt war?

Als sie nun aber hinein wollten, konnten sie es nicht; denn das Rathaus hatte weder Tür noch Treppe. Also ließ der Meister Zimmermann vom Dachstuhl ein Seil herab, an dem unten ein starker Knebel befestigt war. Darauf mußte sich einer nach dem andern setzen und ward an einer Rolle hinaufgewunden.

Das war nun sehr mühsam und verbrauchte mehr Zeit, als Vorrat an Geduld vorhanden war. Denn Hunger und Durst hatten es eilig mit dem Richtfest. Und alle dachten scharf nach, was wohl zu tun sei.

Unterdes saß der Scherenschleifer mit seinem Schleifstein auf dem Knebel und reiste hinauf. Als er halbwegs oben war, rief er:

„Ich hab's, Freunde, ich hab's!“

In dem Augenblick kriegte der Schleifstein das Übergewicht, der Scherenschleifer kippte rücklings vom Knebel herunter und tat einen harten Fall, daß ihm seine Rede im Halse stecken blieb.

Als er wieder zu sich kam, riefen sie, er solle nun sagen, was er

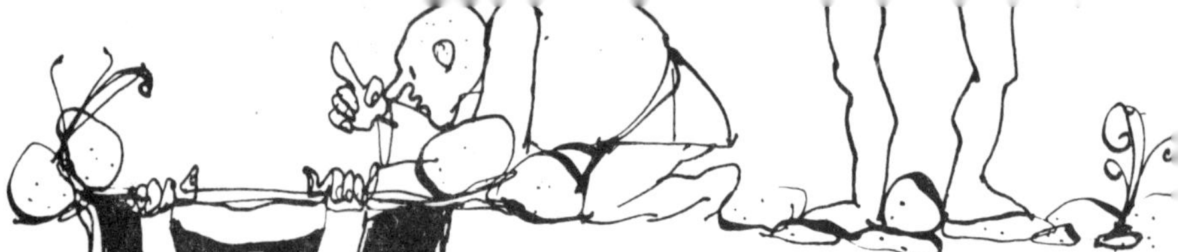

gefunden habe. Aber er konnte sich nicht regen. Da merkten sie, daß er eine Rippe entzweigefallen hatte. Doch der Zimmermann wußte Rat: Sie setzten ihn wieder auf den Knebel, zogen ihn hinauf und ließen ihn noch einmal hinunterfallen, so daß er die Rippe wieder zurechtfiel.

„Nun rede", drängten sie ihn dann, „sag uns, was du gefunden hast!"

Aber er antwortete: „Ach, es ist mir vor lauter Schreck entfallen!"

Da liefen sie alle wie toll davon, ein jeder holte Hacke und Schaufel, und sie fingen an zu graben an der Stelle, auf die er gefallen war. Denn sie wollten die entfallene Rede wiederfinden. Und sie gruben wohl etliche Klafter tief, fanden aber nichts.

Das verdroß sie sehr. Weil aber noch ein Rest Verstand in

ihnen glomm, fiel ihnen ein, daß sie das Loch zu etwas anderem brauchen könnten. Sie hielten Rat und beschlossen, einen Brunnen daraus zu machen.

Nun wollten sie wissen, wie tief der Brunnen würde. Deshalb legten sie eine Stange quer über das Loch, daran hängte sich ein Bürger mit beiden Händen. An seine Füße hängte sich ein anderer Bürger, und so fort, immer einer an des andern Füße.

Endlich wurde es dem obersten zu schwer, und er rief:

„Ihr lieben Nachbarn, haltet euch fest, ich muß mal in die Hand spucken!"

Und er ließ mit der einen Hand los, spuckte hinein, konnte aber die Stange nicht wieder erreichen. So purzelten sie alle auf einen Haufen.

Was sollte man tun? Das hätte wohl auch jedem andern mißlingen können.

Darauf berieten sie lange, wo sie mit der ausgegrabenen Erde hin sollten. Schließlich schlug einer vor, man solle ein Loch graben und die Erde da hineintun.

Eine Zeitlang blickten alle sich an, und man hörte, wie sie nachdachten. Endlich sagte ein anderer:

„Ja, aber wo sollen wir hin mit der Erde, die wir ausgraben werden?"

„Ei, ihr Narren", rief der erste, „wir müssen das Loch nur desto größer machen, damit die Erde auch mit hineingeht!"

Wie die Schildbürger Licht in ihr Rathaus bringen

„Hört zu!" sagte ein Alter. „Sollen wir uns die Beine brechen oder gar das Genick? Oder wollt ihr beim Richtfest trocken sitzen? Wenn wir aber unser gutes Bier trinken, wird uns der Abstieg hernach sauer werden. Wir brauchen eine Tür in unserm Rathaus!"

„Tür?" sagte ein anderer. „Ihr denkt wohl nicht an das Gemeindeheu, das wir vertrinken müssen. Macht ein großes Tor, damit alles hineingeht!"

So geschah es. Das Tor wurde in eine der drei Wände gebrochen, das Richtfest gefeiert, das Dach gedeckt. Danach war es Zeit, das neue Rathaus einzuweihen.

Darum gingen die Schildbürger hinein und wollten in aller Narren Namen versuchen, wie sich's im neuen Rathaus raten ließ. Es war ihnen so feierlich zumute, daß sie alle auf Zehenspitzen gingen. Aber da drinnen war es stockfinster, man konnte nicht die Hand vor Augen sehen. Da erschraken sie sehr und überlegten hin und her, ob sie wohl beim Bauen etwas falsch gemacht hätten, wodurch das Licht vernagelt oder aufgehalten würde.

Also gingen sie zum Heutor wieder hinaus, um zu sehen, wo der Fehler war. Sie fanden aber die drei Mauern heil und das Dach fein säuberlich darauf sitzen. Auch war da draußen so viel Licht, daß sie die Augen davor zukneifen mußten.

Das war ja klar, daß der Fehler nur drinnen liegen konnte! Sie gingen abermals hinein, fanden jedoch nichts, weil es stockfinster war. Nun kriegten es die Schildbürger mit der Angst, und sie beschlossen, einen Ratstag festzusetzen.

Als nun dieser Tag gekommen war, versammelten sie sich pünktlich. Es fehlte keiner. Jeder hatte einen brennenden Kienspan mitgebracht, den steckten sie an ihren Hut, als sie sich gesetzt hatten. So konnten sie einander sehen, und der Bürgermeister konnte jeden mit seinem Namen und Titel anreden.

Die Umfrage begann, was getan werden sollte. Viele Meinungen wurden laut, aber sie liefen alle gegeneinander. Schon sah es so aus, als müßte der ganze Bau wieder abgerissen und von neuem aufgebaut werden. Da erhob sich einer und sagte:

„Haben wir doch in unserm Rathaus keinen Fingerhut voll Licht, und da draußen ist viel mehr, als wir brauchen können! Warum holen wir es nicht herein? Wenn jeder von uns soviel hier hereinbringt, wie er tragen kann, wird's bald hell genug sein!"

Dieser kluge Rat gefiel den Schildbürgern so gut, daß sie beschlossen, ihn schleunigst zu befolgen. Deshalb kamen sie gleich nach Mittag, als die Sonne am schönsten schien, vor dem Rathaus zusammen. Ein jeder hatte ein Gefäß mitgebracht, um den Tag darin zu fangen und ihn hineinzutra-

gen: Töpfe, Kessel, Eimer, Wannen und große Säcke. Mit Schaufeln, Hacken und Gabeln wollten sie so viel Licht wie nur möglich einsammeln.

Kaum hatte die Glocke eins geschlagen, da konnte man die Schildbürger an der Arbeit sehen. Die einen hielten lange Säcke auf, ließen die Sonne hineinscheinen und banden sie eiligst zu. Dann trugen sie sie ins Haus, um den Tag da drinnen auszuschütten. Und je mehr Licht sie eingefangen hatten, um so tiefer bückten sie sich unter der Last, die sie hineintrugen. Andere schöpften das Licht mit Suppenkellen in Töpfe, taten geschwind den Deckel drauf und trugen sie ins Rathaus. Manche luden den Tag mit Heugabeln in Körbe, andere harkten ihn im Grase zusammen. Einer hatte gar ein Bündel Mausefallen aufgestellt, um das Tageslicht einzufangen.

So plagten sie sich redlich bis in den Abend. Als die Sonne hinter den Berg sank, rechnete ein

besonders Eifriger aus, daß sie dem Tag für vier Minuten Licht abgenommen hatten. Denn um soviel war die Sonne früher untergegangen. Und das war viel, wenn man bedachte, wieviel Licht die ganze große Welt und wie wenig das kleine Rathaus brauchte.

Aber so groß auch dieser Erfolg zu sein schien, im Rathaus blieb es so dunkel wie zuvor. Und weil nun die Schildbürger von des Tages Hitze und Arbeit ganz müde und durstig waren, zogen sie ins Wirtshaus und tranken einen tiefen Schluck aus der Gemeindekasse.

Der fremde Künstler

Im Wirtshaus in einer Ecke aber saß ein struppiger alter Landstreicher. Der hatte den lieben langen Nachmittag dem närrischen Treiben der Schildbürger zugesehen und wäre daran fast selbst zum Narren geworden.

Wie nun die Schildbürger ihren großen Durst stillten und der Wein ihnen die Zunge löste, fragte der Landstreicher einen von ihnen:

„Sagt, guter Herr, was für Flöhe habt ihr da so eifrig gefangen und in das große Haus getragen?"

„Licht, lieber Freund", antwortete der Schildbürger, und sogleich fielen andere ein und erzählten dem Fremden, was es damit auf sich hatte: daß sie versucht hätten, das Licht des Tages in ihr neugebautes Rathaus zu tragen.

Der Landstreicher merkte sogleich, was für närrische Käuze die Schildbürger waren. Und weil er ein ganz geriebener Bursche war und mit allen

Wassern gewaschen, dachte er: Wart, Bruder, die Kuh willst du wohl melken! Laut fragte er:

„Habt ihr denn nun Erfolg gehabt mit all eurer Mühe?"

„Nicht für zwei Pfennig", antworteten sie bekümmert.

„Das hätte ich euch vorher sagen können", meinte der Fremde wichtig. „In solchem Falle hilft überhaupt nur ein Mittel."

Da drangen sie in ihn, daß er ihnen das Mittel nennen solle, mit dem sie Licht in ihr neues Rathaus bekämen.

„Gewiß", erwiderte der Landstreicher und nickte bedächtig, „das könnte ich wohl." Und er griff nach seinem Krug, fand ihn aber leer und setzte ihn zur Seite.

Sogleich schoben ihm fünf Schildbürger ihren vollen Krug zu. Er trank einen nach dem andern aus, wischte sich den Bart und sagte:

„Heute ist es zu spät und zu dunkel dafür. Aber morgen bei Tageslicht und Sonnenschein will ich euch das Mittel nennen und zeigen, wie man's anwendet."

Da waren die Schildbürger froh und priesen ihr Geschick, das ihnen im rechten Augenblick einen so klugen Mann und hilfreichen Herrn zugeführt hatte. Und sie hießen den Wirt das Beste auftragen, was Küche und Keller hergaben, und baten den fremden Herrn, sich's wohl schmecken zu lassen und ja nicht aufzuhören mit Essen und

Trinken, bis er ringsherum voll sei. Denn je mehr man hineinsteckt, dachten sie pfiffig, um so mehr kommt wieder heraus. Und sie ließen die ganze Zeche der Gemeinde ins Kerbholz schneiden.

Der alte Landstreicher aß und trank bis tief in die Nacht hinein, was er nur konnte. Denn es kostete ihn keinen Pfennig, nur, daß er anderntags in Schilda Baumeister spielen sollte. Und das wollte er wohl besorgen.

Als die Sonne schon hoch am Himmel stand, erhob er sich endlich von seinem Lager und folgte dem Abgesandten der Schildbürger ins neue Rathaus. Das besah sich der fremde Künstler von oben und unten, innen und außen mit wichtiger Miene. Endlich sagte er:

„Ihr habt den Tag mit Eimern und Säcken von unten herauf ins Rathaus bringen wollen. Das mußte wohl mißlingen, denn der Tag kommt mit der Sonne von oben. Nehmt nur die Dachziegel wieder ab, mit denen ihr ihn ausgesperrt haltet, und ihr werdet sehen, daß ihr den Tag im Hause habt!"

So geschah es. Das Dach ward abgedeckt, im Rathaus war es fortan hell, und die dankbaren Schildbürger füllten dem fremden Künstler den Beutel aus der Gemeindekasse und baten ihn, bald einmal wieder vorbeizukommen und nach dem Rechten zu sehen.

Der alte Landstreicher aber ging gemessenen Schrittes bis an die nächste Straßenbiegung und sah sich oft um, ob niemand nachkäme, ihm das Geld wieder abzunehmen. Sobald sie ihn nicht mehr beobachten konnten, rannte er, so schnell ihn seine alten Beine trugen, und man hat nie wieder etwas von ihm gesehen.

Warum die Schildbürger sich schämen müssen

Den ganzen Sommer lang freuten sich die Schildbürger ihres frischgebackenen Rathauses. Immerfort hielten sie Rat darin und führten Reformen durch, solange nur irgendeinem etwas einfiel. Und der Himmel hatte ein Einsehen und ließ es nie regnen, wann immer sie zu Rate saßen.

Schließlich aber mußte der liebliche Sommer davon und dem rauhen Winter Platz machen, der bald sein garstiges Gesicht zum Dach hereinsteckte. Das war nun ganz und gar nicht angenehm. Und wie ein jeder Schutz vor dem kalten Regen unter einem breiten Wetterhut sucht, so wollten die Schildbürger auch im Rat wieder unter Dach und Fach kommen und vor Schnee und Unwetter geschützt sein.

Also deckten sie das Dach in aller Eile wieder zu. Und wie sie den Sommer mit Nichtstun an der Sonne verbracht hatten, so wollten sie jetzt den Winter über hinterm warmen Ofen sitzen und darüber nachdenken, wie man den armen erfrorenen Menschen helfen könne.

Als sie nun das Dach fertig hatten und ins Rathaus hineingingen, da war es dort wieder so stockfinster wie damals, bevor sie dem fremden Künstler seine Erfindung abgekauft hatten. Und erst jetzt merkten sie, daß sie hinters Licht geführt worden waren. Doch das Geld war weg und der Betrüger ebenfalls, und das einzige, was sie tun konnten, war, das Unabänderliche ohne Lärm und Klagen hinzunehmen. Also hielten sie wieder Rat mit dem Kienspan am Hut und befragten jeden Bürger, was getan werden solle.

Wie nun die Frage reihum ging und keiner was Rechtes wußte, erwiderte einer, als die Reihe an ihn kam: „Fragt meinen Bruder Fritz, der hat ebenso viel Witz. Ich muß eben mal rausgehen und nachsehen, ob das Wasser noch bergab fließt."

Beim Aufstehen war ihm sein Kienspan erloschen. Er tastete sich an der Wand entlang und sah plötzlich vor sich ein Stück von seinem schönen roten Bart. Darauf saß ein Lichtfleck, der durch eine kleine Ritze im Mauerwerk fiel. Mit einem tiefen Seufzer erinnerte er sich seiner früheren Weisheit, die sie alle abgelegt hatten, er wandte sich um und sprach:

„Hört mich an, ihr lieben Nachbarn, ich habe euch etwas zu sagen." Und als sie ihm das Wort erteilt hatten, fuhr er fort: „Sagt selbst, sind wir nicht dreimaldoppelte Narren? Da haben wir uns den Kopf zerbrochen und viel Geld ausgegeben und uns reinlegen lassen — und keiner hat ge-

merkt, daß unser Rathaus keine Fenster hat, durch die das Licht hereinkommen kann! Das ist doch wahrlich zuviel der Narrheit, zumal am Anfang, da wir nicht gleich so kopfüber hineinplatschen sollten, daß es auch ein richtiger, ein geborener Narr merken muß!"

Auf diese Rede erschraken die andern sehr und saßen eine Zeitlang da wie vor den Kopf geschlagen. Sie blickten einander stumm an, und einer schämte sich vor dem andern, sofern er nicht hinter ihm saß, wegen soviel Dummheit.

Dann aber liefen sie heim, holten Hammer, Meißel und Spitzhacke und brachen allerorts Löcher in die Wände ihres Rathauses. Und jeder wollte sein eigenes Loch haben, von dem er sagen konnte: Dies ist mein Loch! So wurde das Rathaus endlich vollendet, bis auf das Eingeweide, von dem nun die Rede sein soll.

Der treue Ratsofen

Als nun alles soweit fertig war und jeder sein eigen Loch bekommen hatte, fingen die Schildbürger an, ihr Rathaus innen einzurichten und die Zimmer abzuteilen. Neben anderen Räumen richteten sie vor allem drei Stuben ein: die Witzstube, in der sie ihre Narrheit leuchten lassen wollten, die Schwitzstube für die gewöhnliche Arbeit und die Bedenkstube für die ganz schwierigen Fälle. So waren sie aufs beste für ihre Tätigkeit im Rat gerüstet. Das ganze dreieckige Rathaus war damit fertiggestellt und konnte in aller Narren Namen endlich eingeweiht werden.

Bald darauf wollten sie Ratstag halten und zu Gericht sitzen. Der Kuhhirt hatte bereits auf seinem Horn geblasen, und alle begaben sich ins Rathaus. Da es sehr kalt war, hatte jeder ein Scheit

Holz mitgebracht, um die Gemeindekasse zu schonen.

Als sie nun die Schwitzstube heizen wollten, merkten sie, daß sie den Ofen vergessen hatten. Es war nicht einmal der Platz vorhanden, wo man ihn hätte aufstellen können. Darüber erschraken die Schildbürger sehr und schalten sich Eselsköpfe und Unglücksraben, weil sie wieder Pech mit ihrem Bau hatten. Wo sollten sie nun mit dem Ofen hin?

Trotz der Kälte schwitzten sie vor lauter Kopfzerbrechen. Viele Meinungen wurden vorgebracht. Einige schlugen vor, man solle den Ofen draußen vor die Tür setzen, weil er dort am allerwenigsten im Wege sei.

Aber damit kamen sie schlecht an. „Was denkt ihr", riefen andere, „wo soll denn unser Bürgermeister hin?" Sie hatten recht. Der Bürgermeister hatte seinen Sitz hinterm Ofen, und es wäre ganz gegen seine Würde, ihn vor die Tür zu setzen!

So berieten sie hin und her. Schließlich meinte einer: „So setzt doch den Ofen vors Fenster und laßt ihn in die Stube hereingucken!"

„Richtig!" fielen andere ein. „Da stört er nicht!" Und ein ganz Kluger fügte hinzu: „So kann er, wenn Not am Mann ist, auch an der Abstimmung teilnehmen. Redet er auch nichts zur Sache, so stimmt er doch nicht dagegen."

Das leuchtete allen ein. Und als man herausfand, daß der Bürgermeister so seinen Platz am

Ofen haben und seine Weisheit aufwärmen könne, wurde der gute Rat einstimmig angenommen.

Doch da meldete sich ein Neunmalkluger zu Wort. „Ich will gar nicht von der Treppe reden, die man zum Ofen hin bauen muß, wenn er vorm Fenster steht. Aber die Hitze, die in die Stube gehört, wird nach draußen und verloren gehen."

„Du treibst die Narrheit nun wirklich zu weit!" schalt ihn ein anderer. „Muß man solchen Argwohn gegen einen treuen Ratsofen haben? Aber gut, damit du beruhigt bist und nichts unterlassen wird, schlage ich folgendes vor: Ich hab daheim eine alte Wäscheleine, die will ich der Gemeinde stiften, um mich in gutem Andenken zu halten. Die binden wir um den Ofen herum, dann kann die Hitze nicht entweichen."

Für diesen vortrefflichen Rat wurde der Schildbürger hoch gepriesen, und zum Dank für seine Freigebigkeit wurde ihm und allen seinen direkten Nachkommen der nächste Platz hinterm Ofen beim Äpfelschmoren verliehen.

Dann wurde die Sache beschlossen, der Ofen gebaut, das Rathaus also vollendet und aufs neue mit Narren besetzt.

Der Salzacker

Bald kam es soweit, daß sie alle Tage Rat hielten und sich den Kopf zerbrachen um das gemeine Wohl. Und weil draußen im Land weit hinter den Bergen Krieg herrschte, gab ihnen ein Funke ihrer früheren Weisheit ein, Vorräte an Lebensmitteln anzulegen. So wollten sie sich gegen Teuerung und Wucher schützen. Schon war wegen der Kriegsläufte das Salz knapp und teuer geworden. Deshalb beschlossen sie, selbst Salz zu erzeugen. Aber wie war das anzufangen?

Viele Vorschläge wurden gemacht und wieder verworfen. Einer bot die stets versalzenen Suppen seiner Frau an, eine Salzsiederei damit zu betreiben. Andere wollten den Schweiß der Stirn für die Salzgewinnung nützen. Schließlich erhob sich einer und sagte:

„Jeder weiß, wie ähnlich sich Zucker und Salz sind, und ist wohl keiner unter uns, der nicht schon mit ihrer Verwechslung Ärger gehabt hat. Da nun der Zucker aus dem Boden wächst, muß auch das Salz auf solche Weise wachsen, wie das Korn. Denn man sagt ja auch: ein Körnlein Salz."

„Jawohl", riefen andere, „gut gesprochen, Vetter Salzmann! Wir wissen zur Genüge, daß auch andere Dinge dem Boden entwachsen, zum Beispiel Kälber, wenn man bei Neumond madigen Käse einpflanzt, oder Hühner, wenn man angebrütete Eier bei Sonnenaufgang in den Sand steckt."

Da alle sich einig waren, wurde beschlossen, ein großes Stück vom Gemeindeacker umzugraben und darauf Salz einzusäen. Dann würde man bald Salz ernten und vor Mangel und Wucher sicher sein.

Die Arbeit war bald getan. Als die Saat in der Erde war, wurden Feldhüter bestellt, die mit langen Vogelrohren die Vögel verjagen sollten, wenn sie etwa Salz picken kämen.

Nicht lange, da fing der Acker an zu grünen. Die Schildbürger waren froh, daß die Salzsaat so gut aufging. Jeden Tag gingen sie hinaus und sahen nach, um wieviel ihr Salz gewachsen war, und manche konnten es gar wachsen hören. Und sie befahlen dem Feldhüter, ja auch alles Vieh, Roß, Kuh, Schaf und die salzgierigen Ziegen, vom Acker fernzuhalten und mit Hauen und Stechen zu vertreiben.

Das Salzkraut blühte bald üppig und gedieh so prächtig, als ob es Unkraut wäre.

Eines Tages verspürte ein Schildbürger, der Sauerkirschen gegessen und Buttermilch darauf getrunken hatte, einen mächtigen Drang von der Art, die dem Bauern den Hosengürtel löst. Und weil noch ein kleiner Funken der früheren Weisheit in ihm glomm, dachte er: Es wäre doch schade, wenn solch ein Schatz, wie ich ihn bei mir trage, verlorenginge und niemandem nützte! Deshalb will ich ihn geschwind auf den Salzacker tragen, damit er der ganzen Gemeinde zugute kommt!

Eilig strebte er dem Salzacker zu, ging aber vorsichtig auf Zehenspitzen; denn ihm war himmelangst, er könne etwas von seinem Gut verlieren, bevor er es dem gemeinen Wohl zugeführt hätte. Doch er verbiß es so hart, daß er nichts verzettelte, bis er auf dem Acker ankam. Dort hockte er sich nieder und setzte einen Markstein, wie es die Bauern zu tun pflegen, besonders zur Sauerkirschenzeit.

Als er sein Geschäft glücklich hinter sich hatte, erwischte er ein Büschel Salzkraut, um seinem Hans Darm die Nase zu putzen. Aber das Kraut

war so scharf und hitzig, daß er das Maul aufriß, als ob es ihn auf der Zunge brennte. Und er tanzte im Kreise herum und schrie: „Es ist lecker, ganz lecker ist es!“

Da er nun gewiß der erste war, der vom Salzkraut gekostet hatte, lief er eilends in die Stadt, um ganz Schilda zu verkünden, wie gut die Ernte zu erwarten war. Mit der großen Glocke läutete er Sturm. Und als die Bürger versammelt waren, erzählte er ihnen vor Freude zitternd, wie scharf das Salz schon sei und daß es ihn auf die Zunge gebissen habe. Es werde also gewiß ein sehr gutes Salz werden.

Hierauf zogen alle Schildbürger sogleich mit ihm zum Salzacker hinaus und machten nach, was er ihnen vorgemacht hatte. Zuerst der Bürgermeister, dann seine Geschworenen und schließlich alle andern. Zuletzt diejenigen, welche sich am meisten schämten. Und weil sie alle dieselbe Erfahrung machten und das Salz sie biß und auf der Zunge brannte, waren sie froh und fühlten sich schon als mächtige und reiche Salzherren.

Als aber die Zeit reif war, die Ernte einzubringen, zogen sie mit Sensen und Sicheln, mit Pferd und Wagen hinaus auf den Salzacker. Doch sobald sie Hand anlegten und ihr Salzkraut schneiden wollten, da war es so scharf und hitzig, daß es ihnen Hände und Füße überall brannte. Denn sie hatten der Sommerhitze wegen weder Schuhe noch Handschuhe mitgebracht.

Also mußten sie unverrichteter Dinge wieder abziehen und konnten daheim auch weder in der Schwitzstube noch in der Bedenkstube Rat finden, wie sie an ihr Salz kommen sollten. Und da sie ihren alten Vorrat versät hatten, aber keinen neuen ernten konnten, litten sie noch größeren Mangel als zuvor.

Denn ihr Salzkraut war nichts anderes als die gemeine Brennessel gewesen.

Die Schildbürger wählen einen neuen Bürgermeister

Hatte der Ruhm von der Schildbürger Weisheit Jahre gebraucht, um überallhin zu dringen, so lief die Kunde von ihrer Narrheit im Handumdrehen um die Welt.

Auch der Kaiser von Nirgendheim hörte, als ihn Regierungsgeschäfte in diese Gegend seines Reiches führten, von denen zu Schilda und ihren abenteuerlichen närrischen Possen. Darüber wunderte sich der Kaiser um so mehr, als er sich früher gern ihrer Weisheit und ihres Rates bedient hatte. Und weil er nicht wußte, ob es die Wahrheit oder nur ein leeres Gerücht war, wollte er sich selbst davon überzeugen.

Also schickte er seine kaiserlichen Boten nach Schilda und ließ den Schildbürgern sagen, er wolle gnädigst zu ihnen auf Besuch kommen. Dabei werde er ihre althergebrachten Vorrechte und Freiheiten bestätigen und erneuern, ja sogar verbessern — wenn sie eine Bedingung erfüllten. Sie sollten auf seine Rede, die er ihnen halten werde, so antworten, daß sich seine und ihre Worte reimten. Außerdem sollten sie ihm halb geritten und halb gegangen entgegen kommen.

Dies brachte die Schildbürger in arge Bestürzung. Denn sie fürchteten, der Kaiser werde ihre selbstgewählte Narrheit merken und sie könnten darob in Ungnade fallen. Vielleicht müßten sie dann ihre Narrheit ablegen, wieder weise und verständig werden, und das ganze Leid könne von vorn anfangen.

In solcher Not suchten die Schildbürger bei ihrer abgelegten Weisheit Rat und Hilfe. Sie bereiteten für Mensch und Tier alles aufs beste vor, um den Kaiser und sein Gefolge würdig zu empfangen.

Weil aber eine Herde Schweine ohne ihren Hirten ebenso verloren ist wie ein Körper ohne Kopf und weil sie damals gerade ohne Bürgermeister waren, beschlossen sie vorerst, einen neuen zu wählen.

Wer war nun der Tüchtige, der in so gefährlicher Lage der rechte Führer sein konnte? Der nicht nur ein Amt wollte, sondern auch die schwere Aufgabe meistern konnte, dem Kaiser auf seine Rede mit einem Reim zu antworten?

Das konnte doch nur der sein, der selbst den besten Reim zu schmieden verstand. Also ward beschlossen, daß alle Kandidaten für das Amt des Bürgermeisters am folgenden Tage im Rathaus vor der Gemeinde ihren Reim aufsagen sollten. Und sie zerbrachen sich die ganze Nacht über ihren Kopf, so daß sie am Morgen wie gerädert waren.

Nun war unter den Bewerbern auch der Schweinehirt, der sich im Regieren der Sauen lange genug geübt hatte und gern ein höheres Amt haben wollte. Der lag in schweren Gedanken wach und wälzte sich so unruhig auf seinem Bett, daß er seiner Frau die Bettdecke und das Nachthemd abzog. Davon wurde sie wach und fragte, was mit ihm los sei. Als sie erfuhr, daß es um das höchste Amt der Gemeinde ging, sagte sie:

„Laß dir darum keine grauen Haare wachsen, Mann." Sie wollte nur gar zu gern die Frau Bürgermeisterin werden. „Was gibst du mir, wenn ich dir einen Reim sage, mit dem du Bürgermeister wirst?" Und als er ihr einen schönen neuen Pelz versprach, war ihr Reim schon fertig:

„Ihr lieben Herrn, ich tret herein,
meine Frau, die heißet Katharein.
Sie hat ein Maul als wie ein Schwein
und trinkt gern guten kühlen Wein."

Diesen Reim sprach sie ihm neunundneunzigmal vor, und er sprach ihn nach, bis er glaubte, ihn endlich gefressen zu haben. Für den Rest der Nacht käute er ihn wieder, und als der Morgen kam, fühlte er sich bereits als Bürgermeister.

Sobald nun die Gemeinde versammelt war, begannen die Kandidaten, ihren Reim vorzutragen. Und alle wunderten sich, woher wohl soviel Kunstfertigkeit käme, die da an den Tag trat. Leider sind nicht alle Reime aufgeschrieben worden; wir müssen uns daher mit den wenigen, die erhalten blieben, begnügen.

Der vierte, denn die ersten drei Reime sind verloren, trat ein, verbeugte sich und begann:

„Ich bin ein rechtgeschaffner Bauer,
lehn meinen Spieß hier an die Wand."

„Oho", sagte der fünfte, „wenn du's nicht besser kannst, wärest du lieber draußen geblieben. Laß mich Bürgermeister werden. Sieh:

Ich heiße Meister Hildebrand,
lehn meinen Spieß an diese Mauer."

„Du liebe Zeit", sagte der siebente, der sechste Reim ging verloren, „du wärest der rechte Bürgermeister! Dich werd ich ausstechen. Hör zu:

Ich heiße Hänschen Stolz,
lad meinen Wagen voll Scheite."

„Seht diesen Gernegroß!" rief der achte. „Der wäre gar zu gern Bürgermeister, wenn er's nur könnte. Aber ich werde ihm schon beikommen. Hört mich an:

Man sagt, ich hab einen bösen Kopf
und bin ein arger loser Schelm."

„So schnell wirst du nicht Bürgermeister", sagte der zehnte. „Laßt mich zeigen, was ich kann:

Mit Namen heiß ich Hänschen Beck
und hab das Herz am rechten Ort."

„Du hast uns grade noch gefehlt!" sagte der elfte. „Wetten, daß ich's werde?

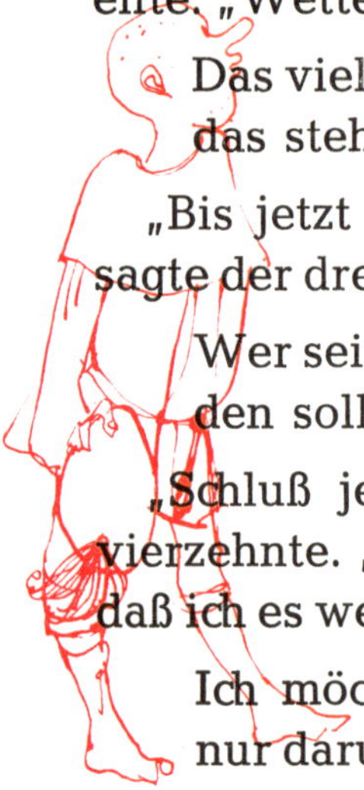

Das viele Reimen oder Sagen,
das steht mir längst bis an den Hals!"

„Bis jetzt hat's keiner besser gekonnt als ich", sagte der dreizehnte. „Paßt auf:

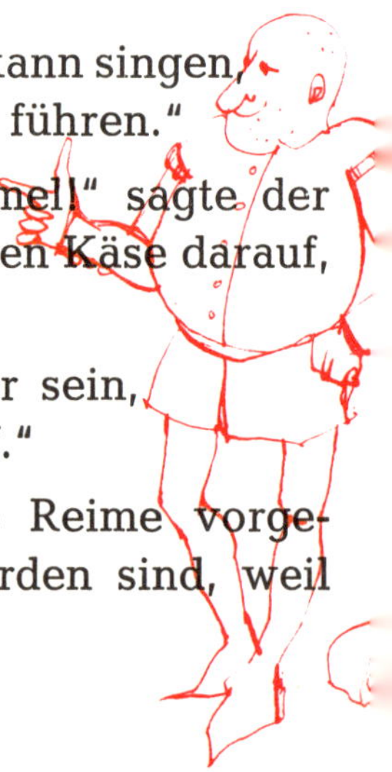

Wer seinen Reim nicht schön kann singen,
den sollt man an den Galgen führen."

„Schluß jetzt mit dem Gestammel!" sagte der vierzehnte. „Ich setze meinen besten Käse darauf, daß ich es werde. Wer hält mit?

Ich möcht gern Bürgermeister sein,
nur darum kam ich hier herauf."

Es wurden noch viele andere Reime vorgebracht, die alle unleserlich geworden sind, weil

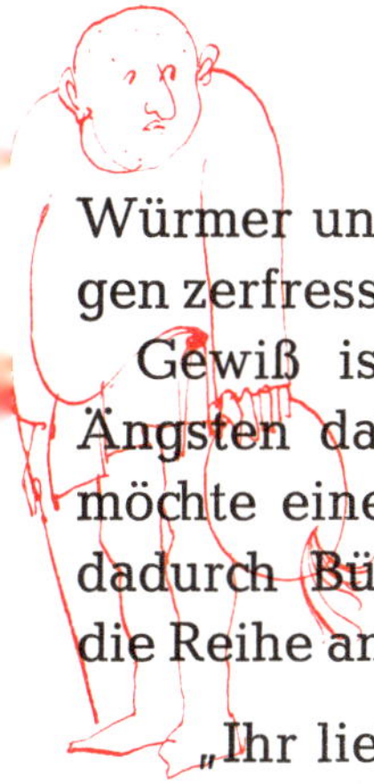

Würmer und Buchschaben die alten Aufzeichnungen zerfressen haben.

Gewiß ist, daß der arme Sauhirt in großen Ängsten dabeistand und immerfort fürchtete, es möchte einer seinen eigenen Reim aufsagen und dadurch Bürgermeister werden. Schließlich kam die Reihe an ihn, er trat vor und sprach:

„Ihr lieben Herrn, ich tret hervor,
meine Frau, die heißet Katharein.
Sie hat ein Goschen wie ein Sau
und trinkt gern guten kühlen Most."

Die Ratsherren nickten zustimmend und sagten: „Das klingt nach etwas, das könnte wohl gehen und was ausrichten." Als dann abgestimmt wurde, fielen alle Stimmen auf den Sauhirten. Alle waren der Meinung, er könne dem Kaiser wohl mit einem Reim antworten und ihm gute Gesellschaft leisten.

So wurde der Sauhirt, der eben noch ein armer Schlucker gewesen war, fast über Nacht ein mächtiger Bürgermeister zu Schilda.

Wie der Kaiser kommt und empfangen wird

Inzwischen kam der Tag heran, an dem der Kaiser erwartet wurde. Die Schildbürger hielten Rat, wie sie ihn empfangen sollten, um seine Bedingungen zu erfüllen.

Zum ersten kamen sie überein, dem Kaiser zuvorzukommen und das Wort an ihn zu richten, so daß er ihnen antworten mußte, wie sie es wollten. Also sollte der Bürgermeister ihn mit den Worten empfangen: „Seid uns willkommen!" Darauf mußte der Kaiser notwendigerweise antworten: „Du mir auch."

Damit hatten die Schildbürger die erste Bedingung bereits erfüllt; denn der Bürgermeister würde darauf sagen: „Der Witzigste unter uns ist ein Gauch", was soviel heißt wie Schelm oder Narr und einen guten Reim auf des Kaisers Worte abgab.

Zum andern aber, wie sie dem Kaiser halb geritten und halb gegangen entgegenziehen sollten, konnten sie lange zu keinem Entschluß kommen. Etliche meinten, man solle zwei Haufen bilden, der eine müsse reiten, der andere gehen, und es solle immer ein Reiter und ein Fußgänger in einem Glied marschieren. Andere rieten, jeder solle einen Fuß im Steigbügel haben und mit dem andern auf der Erde gehen; doch das erschien ihnen ziemlich beschwerlich.

Endlich kam einer auf den Gedanken, man solle dem Kaiser auf hölzernen Steckenpferden entgegen ziehen, weil schon das Sprichwort sage: Stekkenreiten ist halb gegangen. Auch seien Steckenpferde zahmer und williger als andere Pferde und schneller gezäumt und gestriegelt.

Dieser Vorschlag fand allgemeine Zustimmung. Alle mußten sich am festgesetzten Tag mit einem solchen Roß einfinden. Und keiner war so arm, daß er nicht beim Tischler ein weißes, schwarzes oder braunes Pferd erstanden hätte. Darauf tummelten sie sich und richteten sie meisterhaft ab.

Als nun der Tag gekommen war und der Kaiser mit seinem Hofstaat heranrückte, sprengten ihm

die Schildbürger auf ihren Steckenpferden entgegen. Der Bürgermeister, der am Abend vorher saure Milch gegessen hatte, bekam unterwegs Bauchgrimmen und ritt beiseite hinter einen Misthaufen, wo er absaß, sein Pferd anband und seine Sache gut verrichtete.

Unterdes war der Kaiser nahe herbeigekommen, und die ganze Schildbürgerei sah sich nach ihrem Bürgermeister um, der hinterm Misthaufen hockte. Als er den Kaiser kommen sah und befürchten mußte, seinen Einsatz zu verpassen, nahm er sich nicht die Zeit, seine Hose festzugürten. Er sprang, mit der einen Hand das Roß, mit der andern die Hose festhaltend, auf den Mist, um den Kaiser von erhöhter Stelle aus desto stattlicher zu empfangen.

Als nun der Kaiser vor ihm stand, mußte unser Bürgermeister den Hut ziehen, hatte aber keine Hand dafür frei. Er nahm den Gaul zwischen die

Schenkel, riß den Hut vom Kopf und hielt ihn mit den Zähnen. Den Filzhut im Maul, mit der Linken die Hose haltend, streckte er die Rechte dem Kaiser entgegen und murmelte: „Nun seid uns willkommen auf unserm Grund und Boden, fester Junker Kaiser!"

Der Kaiser hatte schon an den Federn erkannt, was das für Vögel waren und daß die Narrheit der Schildbürger kein leeres Gerücht war. Er reichte dem Bürgermeister die Hand und erwiderte: „Hab Dank, guter Bürgermeister, und du auch."

Darauf hätte ihm der Bürgermeister mit seinem Reim antworten sollen. Aber er brachte die Zähne nicht auseinander, um den Hut nicht fallen zu lassen, und blieb stumm. Ein anderer wollte an seiner Stelle den Reim vollenden und sagte schnell: „Der Bürgermeister ist ein Narr!" Er traf wohl den Sinn, verfehlte aber den Reim dabei.

So also wurde der Kaiser empfangen, und sie ritten vor ihm her bis nach Schilda, wo sie ihn noch einmal empfingen. Der Bürgermeister saß ab von seinem hölzernen Klepper, stieg auf einen Misthaufen und reichte dem Kaiser nochmals die Hand.

„Nanu", fragte der Kaiser, „was tust du hier auf dem Mist?"

„Ach, fester Junker Kaiser", antwortete der Bürgermeister, „ich armer Teufel bin nicht wert, daß mich vor Euch der Erdboden trägt."

Hierauf geleiteten sie den Kaiser ins Rathaus auf seine Gemächer und erzählten ihm alle Geschichten, die sich in Schilda zugetragen hatten. Und der Kaiser hatte daran Wohlgefallen.

Wie der Kaiser beschenkt und bewirtet wird

Nach langen Überlegungen, was sie dem Kaiser als Geschenk verehren sollten, entschieden sich die Schildbürger für einen großen Topf Senf. Denn Silber und Gold, so meinten sie, hatte er selbst genug, und Essen und Trinken bekam er als ihr Gast. Damit ihm aber die Schildaer Kost wohlschmecke und bekömmlich sei, schenkten sie ihm frischen Senf.

Den trugen zwei junge Burschen an einer Stange in einem nagelneuen irdenen Topf. Und der Bürgermeister hielt die folgende Ansprache dazu:

„Fester Junker Senf, hier verehren wie Euch diesen Kaiser. Laßt ihn Euch gut schmecken!"

Der Kaiser lachte und dankte. Als aber die Burschen den Topf absetzten, schlug er so hart auf, daß er in Stücke ging und der ganze Senf auf der Erde lag.

„Hol euch der Kuckuck", schimpfte der Bürgermeister, „ihr Schelme, ihr Diebe, ihr Aufrührer und Landesverräter! Ist das nicht eine Delikatesse? Könnt ihr euch nicht vorsehen? Au, au, Junker Kaiser, das war vielleicht ein Senf! Hat einem über zwei Straßenecken in die Nase gestochen, solch ein Senf war das. Und nun liegt er da im Dreck!"

Doch dann fuhr er mit der Hand in den Senf und hielt sie dem Kaiser hin. „Ach was, Junker Kaiser, kostet nur mal den schönen Senf!"

Aber der Kaiser trat einen Schritt zurück und erwiderte, er wolle nicht kosten, die ganze Stadt könne ja riechen, daß es ein guter Senf gewesen sei. Und er wolle den guten Willen zu Dank annehmen.

Hierauf setzten sie sich zu Tisch, der Bürgermeister saß als einziger mit an des Kaisers Tafel und unterhielt sich aufs beste mit ihm. Es gab Karpfen, gebraten und gesotten, in großer Menge. Zum Nachtisch wurde eine frische kalte saure weiße Buttermilch aufgetragen. Die Schildbürger standen um des Kaisers Tafel herum. Für den Kaiser war weißes Semmelbrot, für die Bürger schwarzes Roggenbrot zum Einbrocken gedeckt.

Während sie nun aßen und der Kaiser das weiße, die Bürger das schwarze Brot in die Milch brockten, da erwischte, o Unglück, ein Lümmel einen Brocken Weißbrot und steckte ihn in die Schüssel.

„Willst du wohl, du Flegel!" rief der Bürgermeister und schlug ihm auf die Finger. „Darfst du des Kaisers Brot essen?"

Der Flegel erschrak, zog den Bissen wieder aus dem Mund und schob ihn verstohlen dem Kaiser auf den Teller. Doch der hatte es wohl bemerkt, wischte seinen Löffel ab und schenkte den Bürgern Schüssel samt Weißbrot. Er war satt, kaum daß er angefangen hatte, und die Bürger taten sich's gütlich und priesen des Kaisers Freigebigkeit.

Wie die Schildbürger auf die Beine kommen

Bald war es soweit, daß der Kaiser wieder abreisen und seinen Regierungsgeschäften nachgehen mußte. Er hatte der Stadt Schilda ihre Rechte neu verbrieft, ihre Narrheit gutgeheißen und ihnen zum Abschied ein Geldgeschenk gemacht. Das wollten sie nun vertrinken, nachdem sie dem Kaiser und seinem Gefolge bis hinters nächste Dorf das Geleit gegeben hatten.

Dort lagerten sie auf einer Wiese und ließen das gute Bier fleißig durch die Kehlen rinnen. Schließlich waren sie so voll, daß sie alle der Länge nach im Grase lagen. Die Beine, die sämtlich in roten Hosen steckten, hatten sie ganz durcheinander verschränkt.

Als sie endlich aufstehen und heimgehen wollten, konnte keiner seine Beine finden, da sie alle dieselbe Farbe hatten. Und jeder fürchtete um seine Füße und daß er mit eines andern Beinen heimwärts humpeln müsse.

Während sie noch ratlos dalagen und einander angafften, ritt ein Fremder vorüber. Den riefen sie an und klagten ihm ihren Jammer. „Guter Herr", riefen sie, „wenn ihr uns zu unsern eigenen Beinen verhelfen könnt, werden wir's Euch gut bezahlen!"

Er erwiderte, das könne er wohl, stieg vom Pferd, schnitt einen guten Prügel vom Baum und schlug damit dem ersten Besten auf die Beine.

Da hätte einer sehen können, wie geschwind der Gesell auf seine eigenen Füße kam! Und der Fremde schlug wacker zu, bis sie alle auf ihren Beinen standen und den Beutel zückten und ihren Preis zahlten, damit er aufhöre und sie heimgehen könnten.

Die Kuh auf der Mauer

Die Schildbürger waren sehr darauf bedacht, daß nichts umkam, vor allem, wenn es dem gemeinen Wohl dienen konnte.

Eines Tages besichtigten sie eine alte Mauer, die von einem verfallenen Gebäude übriggeblieben war, ob sie wohl die Steine verwerten könnten. Nun war oben auf der Mauer schon langes Gras gewachsen, und den Bauern tat es leid, wenn es unnütz umkommen sollte. Deshalb hielten sie Rat, wie man es wohl verwenden könne.

Die einen meinten, man solle es abmähen; aber niemand wollte sich auf die Mauer wagen. Andere fragten, ob nicht Schützen unter ihnen seien; die sollten es mit ihren Pfeilen herunterschießen. Schließlich kam der Bürgermeister und riet, man solle einfach das Vieh droben weiden lassen, das werde es schon abfressen; dann brauche man es weder mähen noch herunterschießen.

Dies schien allen der beste Rat. Die ganze Gemeinde zollte Beifall und beschloß sogleich, zum Dank dürfe des Bürgermeisters Kuh als erste oben weiden.

Also legten sie der Bleß ein starkes Seil um den Hals, warfen das andere Ende über die Mauer und fingen an, drüben nach Leibeskräften zu ziehen, alle Mann. Die Kuh stieg immer höher an der Mauer empor, und als sie fast oben war, streckte sie die Zunge heraus.

„Zieht weiter, Leute", rief der Bürgermeister, „sie hat das Gras schon gerochen und streckt die Zunge danach aus. Zieht nur, zieht, sie ist gleich oben. Ach, wie ist sie ungeschickt, sie kann sich aber auch gar nicht helfen! Los, Leute, einer muß hochklettern und sie ganz hinaufstoßen!"

Es war aber alles vergebens. Die Schildbürger konnten die Kuh des Bürgermeisters nicht hinaufbringen, sie ließen sie wieder herab, und als sie unten ankam, war sie tot.

Da waren sie froh, daß sie etwas zu schlachten und zu gerben hatten.

Wie man eine lange Wurst kocht

Einst hatten die Schildbürger eine tüchtige Sau, die wollten sie behalten und mästen. Als sie zur Eichelmast in den Wald getrieben war, nahm sie Reißaus und geriet an einen Speicher, wo sie den ganzen Hafer auffraß.

Daraufhin wurde sie verklagt und von der ganzen Gemeinde als Dieb zum Tode verurteilt. Sie sollte mit dem Messer hingerichtet werden, so forderte der Spruch es, ihr gesamtes Vermögen, Hab und Gut, Haut und Haar sollte kassiert werden. Und weil sie durch Fressen ihr Leben verwirkt hatte, war es recht und billig, daß ihr Gleiches mit Gleichem vergolten und sie ebenfalls gefressen wurde. Diesen Teil des Urteils wollte die gesamte Gemeinde vollstrekken.

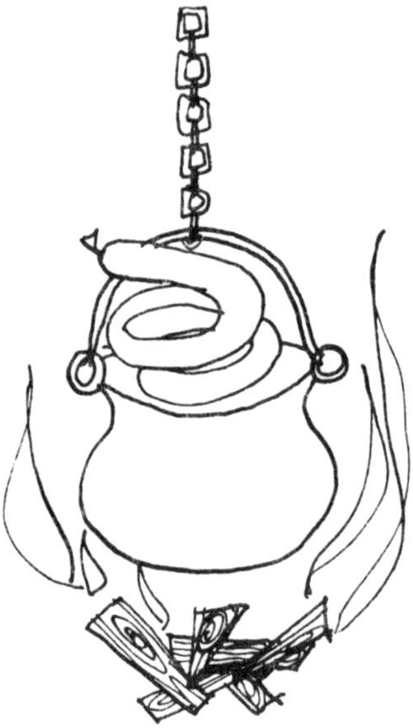

Damit die Vollstreckung vollständig sei und nichts verlorengehe oder übrigbleibe, wollten die Bauern auch Wurst machen. Sie nahmen also das Gedärm der Sau, wuschen es aus und füllten es, so lang es war, mit Speck, Blut, Leber, Lungen, Hirn und allem, was zu einer guten Wurst gehört. Daraus machten sie eine einzige Wurst, die so lang war wie der ganze Darm.

Als nun der Tag gekommen war, an dem der letzte Rest des Urteils vollstreckt und die Sau aufgegessen werden sollte, da wollten sie die Wurst als Vorgericht geben. Aber sie fanden keinen Topf, sie der Länge nach darin zu kochen. Und kein Töpfer oder Klempner wollte ihnen einen solchen Topf machen, der so lang war wie die Wurst.

Als nun die Schildbürger sich nicht zu helfen wußten und hin und her berieten, ging einer von ihnen die Straße hinunter an einigen Gänsen vorüber und hörte, wie sie schrien: „Gigag, gigag!"

Er aber verstand: „Zwiefach, zwiefach!" und machte sogleich kehrt und hielt der Gemeinde die folgende Ansprache:

„Es ist doch wahrhaftig eine Schande, daß wir uns von den Gänsen sagen lassen müssen, wie man die Wurst in den Topf kriegt, nämlich zwiefach!"

Da ging den Schildbürgern ein Licht auf, und plötzlich fanden sie: Konnte man die Wurst zwiefach legen, so ging es auch dreifach und mehr. Also legten sie die Wurst so oft zusammen, daß sie in einen gewöhnlichen Topf hineinpaßte.

Darin wurde sie gekocht, und jeder erhielt ein so großes Stück, daß es ihm dreimal ums Maul ging. Denn ein jeder mußte einen Zipfel in den Mund stecken und festhalten, und mit dem andern Teil fuhren sie ihm um den Kopf, und wenn sie zum drittenmal zum Mund kamen, dann biß er es ab. Darauf geht noch heute das Sprichwort zurück: Man muß dir eine Wurst braten, die dir dreimal ums Maul geht.

Der gestohlene Mühlstein

Die Schildbürger hatten eine Mühle gebaut, und nun fehlte ihnen ein Mühlstein. Da zogen sie auf einen hohen Berg, schlugen aus einem Steinbruch einen großen Stein zurecht und schafften ihn mit viel Schweiß den Berg hinunter. Als sie ihn unten hatten, fiel ihnen ein, um wieviel leichter sie das Bauholz für ihr Rathaus hatten den Berg hinablaufen lassen. Deshalb sagten sie:

„Was sind wir doch für große Narren! Da haben wir uns gequält und wären mit viel weniger Arbeit leichter zum Ziel gekommen. Wir wollen ihn

wieder hinaufschaffen und allein hinablaufen lassen!"

Das gefiel ihnen allen. Sie trugen also den Stein mit vieler Mühe den Berg hinauf. Doch als sie ihn eben abstoßen wollten, sagte einer von ihnen:

„Woher sollen wir aber wissen, wo er hingelaufen ist? Wer kann es uns da unten sagen?"

„Was denn", sagte der Bürgermeister, „das werden wir gleich haben. Einer von uns muß in das Loch kriechen", denn Mühlsteinc haben in der Mitte ein großes rundes Loch, „und mitlaufen."

Das schien allen gut zu sein, und sie wählten einen aus ihrer Mitte, der den Kopf durch das Loch steckte und mit dem Stein den Berg hinunterlief.

Am Fuße des Berges aber lag ein großer Fischteich, in den fiel der Stein mitsamt dem dummen Tropf, so daß die Schildbürger Stein und Mann

verloren. Und keiner wußte, wo sie geblieben waren. So geriet der arme Kerl, der mit dem Stein gelaufen war, noch in Verdacht, er habe den Mühlstein gestohlen und sei mit ihm auf und davon.

Deshalb ließen die Schildbürger in allen umliegenden Dörfern und Flecken bekanntmachen und anschlagen: Wenn einer käme, der einen Mühlstein um den Hals trage, der solle verhaftet und als Dieb am gemeinen Gut vor Gericht gestellt werden.

Doch der arme Teufel wäre nur zu gern den Stein losgewesen, konnte es aber nicht sagen, weil er mit seiner schweren Last drunten im Teich lag und mausetot war.

Der durstige Weidenbaum

Nicht fern von Schilda floß ein Fluß vorüber. An seinem Ufer stand ein Weidenbaum, der seine Zweige weit herabhängen ließ, daß sie fast das Wasser berührten. Darüber wunderten sich die Schildbürger sehr.

„Das ist eine Trauerweide", sagte ein ganz Kluger.

„Worüber trauert sie denn?" fragte ein anderer.

Darauf wußte keiner eine Antwort, bis der Bürgermeister hinzukam. „Ihr Narren", sagte er, „seht ihr denn nicht, daß der Baum durstig ist? Er kann aber das Wasser nicht erreichen, darum ist er so traurig!"

Nun wollten die Schildbürger ein Werk der Barmherzigkeit tun und dem armen Baum zu trinken geben. Sie legten ein großes Seil oben um seinen Stamm und zogen vom jenseitigen Ufer, so fest sie konnten. Aber ganz schafften sie es nicht, seine Zweige ins Wasser zu bringen. Da schickten sie einen der Ihren hinüber, der mußte in die Krone des Baumes steigen, um ihn vollends ins Wasser hinabzudrücken.

Als nun der Gesell hinaufsteigen und den längsten Zweig hinunter ins Wasser tauchen will — da reißt den Bauern das Seil, der Baum schnellt zurück, und ein harter Ast schlägt dem Mann den Kopf ab. Der Kopf fällt ins Wasser, ohne daß sie es sehen, der Körper fällt vom Baum herab und hat keinen Kopf mehr.

Wie erschraken die Bauern da! Denn der Kopf war nicht zu finden. Auf der Stelle hielten sie Rat und fragten, ob der Kamerad wohl einen Kopf gehabt habe, als er auf den Baum gestiegen sei.

Der Bürgermeister meinte, er habe keinen gehabt. Denn er habe ihn dreimal gerufen, aber nie eine Antwort erhalten. Es sei anzunehmen, daß er keine Ohren, also auch keinen Kopf gehabt habe. Aber genau wisse man es nicht. Deshalb solle einer zu seiner Frau gehen und fragen: Ob ihr Mann heute morgen einen Kopf gehabt habe, als er weggegangen sei?

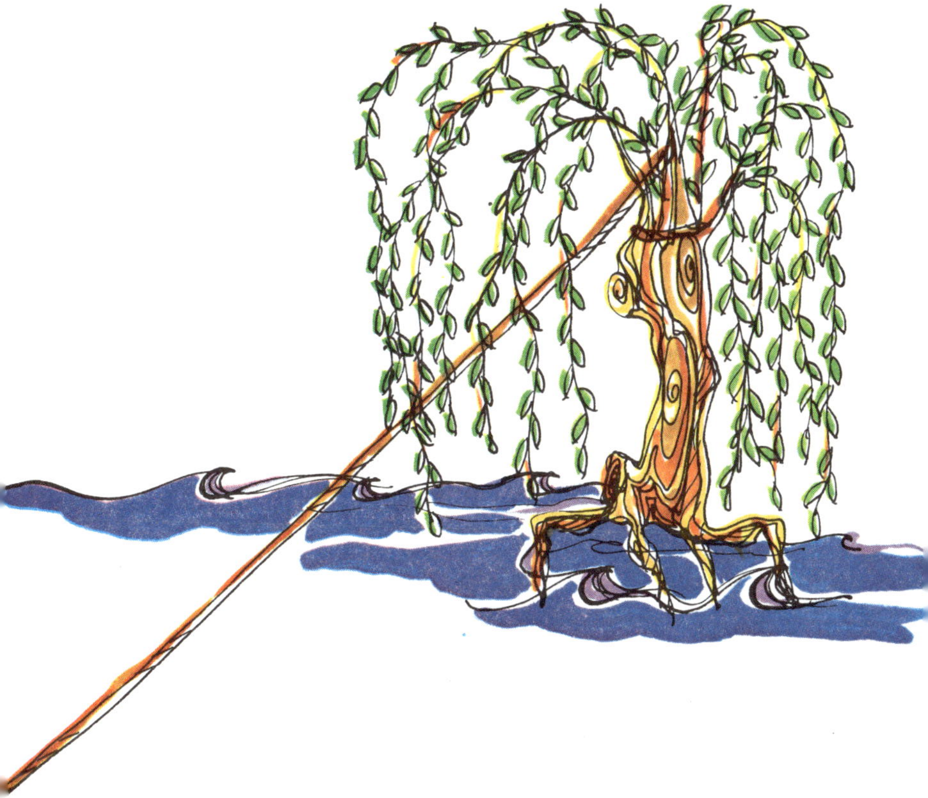

Die Frau antwortete: „Ich weiß es nicht. Aber am letzten Samstag, als ich ihn gewaschen hab, da hat er den Kopf noch gehabt und viel Dreck hinter den Ohren. Seitdem hab ich nicht mehr so darauf geachtet. Aber dort an der Wand hängt sein alter Hut. Seht doch mal nach. Wenn der Kopf nicht drinsteckt, so wird er ihn wohl mitgenommen haben. Oder er hat ihn woanders hingelegt, wo ich's nicht wissen kann."

Sie sahen unter den Hut an der Wand. Aber da war nichts, und bis heute weiß niemand, ob der Schildbürger seinen Kopf noch gehabt hat, als er auf den Baum gestiegen ist.

Die versunkene Glocke

Als die Schildbürger hörten, daß hinter den Bergen Krieg herrschte, fürchteten sie sehr für ihr Hab und Gut, es möchte ein Raub der Feinde werden. Besonders war ihnen angst um die Glocke, die in ihrem Rathaus hing. Sie meinten, man könne sie wegnehmen, um Büchsen daraus zu gießen. Deshalb wollten sie ihre Glocke in den See versenken, bis der Krieg vorüber war. Dann konnte man sie herausholen und wieder aufhängen. Sie brachten die Glocke also in ein Boot und ruderten auf den See hinaus.

Als sie aber die Glocke hineinwerfen wollten, sagte einer: „Wie werden wir nun die Stelle wiederfinden, wenn wir sie wieder herausholen wollen?"

„Darüber laßt euch man keine grauen Haare wachsen", sagte der Bürgermeister, ging hin und schnitt mit dem Messer eine Kerbe in den Bootsrand an der Stelle, wo sie die Glocke versenkten.

Nachdem der Krieg vorüber war, fuhren sie wieder auf den See hinaus, ihre Glocke zu holen. Und sie fanden die Kerbe im Bootsrand wohl, aber die Glocke konnten sie nicht finden noch die Stelle, an der sie sie versenkt hatten.

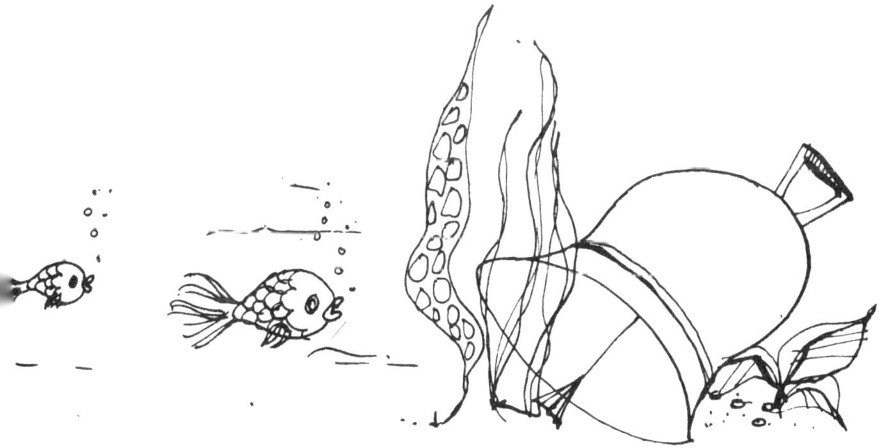

Wo der Schildbürger sein Herz hat

Der Krieg hinter den Bergen kam näher, und der Kaiser gab den Befehl, die Schildbürger sollten ihre jungen Männer in die Hauptstadt schicken, um die Besatzung zu verstärken.

Einer von diesen, der daheim großes Ansehen genoß, begegnete am Stadttor einer Herde Rindvieh. Und da er zu stolz war zu weichen, berührte ihn eine Kuh ein wenig mit ihrem Horn.

Aufs höchste erzürnt, zog er seinen Dolch und rief: „Wag das noch einmal, Kuh, wenn du den Mut dazu hast!"

Aber die Kuh fand wohl den Mut nicht und glotzte ihn nur eine Weile stumm an.

Bald darauf sollten die in der Hauptstadt einen Ausfall machen, um den Feind zu verjagen und von den Bauern Gänse und Hühner zu erbeuten. Unser tapferer Schildbürger befahl dem Schneider, der ihm gerade ein neues Wams machte, ein Stück Eisenblech von einem Panzer dort im Futter einzunähen, wo das Herz sitze.

Als er dann bei besagtem Ausfall nach Hühnern jagte, hatte er die Bauern nicht gesehen, die nun ihn zu jagen begannen. Er lief davon, wollte über einen Zaun springen, blieb aber mit der Hose im Stacheldraht hängen.

Da stach ihn ein Bauer mit der Hellebarde so heftig in sein Hinterviertel, daß er vollends über den Zaun hinüberfiel. Drüben lief er davon, denn es war ihm nichts passiert. Verwundert besah er sich seine Hose und fand, daß ihm der Schneider das Panzerstück vor den Hintern gesetzt hatte.

„Wahrhaftig", rief er, „danke Gott diesem Schneider! Er hat besser gewußt als ich, wo mir das Herz sitzt!"

Der neue Doktor

Ein Schildbürger hatte einen Sohn, der war nicht sehr gescheit; den brachte er auf eine Universität, auf der Doktoren gemacht wurden, ging zum Dekan und fragte ihn: Ob er nicht auch seinen Sohn, der nun ziemlich gelehrt sei, zum Doktor machen könne und was es koste.

Der Herr Dekan sah wohl, daß er eine affenteuerliche Person vor sich hatte. Narren muß man gewähren lassen, dachte er, wollte aber sein Teil einstreichen und erwiderte: Ja, das könne er wohl, wenn er ihm 200 Gulden gebe.

Das gefiel dem Schildbürger und seinem Sohn sehr. Der Vater brachte die 200 Gulden, und der Dekan gebrauchte seine Kunst. Er prüfte den Sohn scharf, ließ einen großen Topf Grütze kochen und gab sie dem Jungen, er solle sie ganz aufessen.

Der fraß gierig und leerte den Topf gänzlich, so daß ihm der Bauch ganz dick wurde. Danach gab ihm der Dekan ein versiegeltes Schreiben und sagte:

„Ihr tragt nun den Doktor bei Euch, Herr Kollege. Wenn Ihr nur die Grütze zwei Tage bei Euch behaltet und hernach allezeit mit Doktoren und Gelehrten umgeht, dann könnt ihr wohl ein Doktor bleiben."

Nun wollte der Vater mit dem frischbackenen Doktor heimwärts wandern. Aber der Doktor litt auf die Grütze einen mächtigen Durst und trank sich einen Rausch an. Dann zogen sie los. Unterwegs spürte er auf einmal, daß er den Bauch ausleeren mußte.

Aber der Vater sagte: „Lieber Sohn, halt nur den Doktor fest, der hat mich 200 Gulden gekostet!"

Der Doktor ging weiter, eine halbe Meile bis an ein Dorf. Dann blieb er stehen, hielt sich den Bauch und sagte:

„Lieber Herr Vater, ich kann's nicht länger halten, und wenn ich zehnmal kein Doktor bleiben soll!" Setzte sich und schmiß den Doktor hinaus und sagte: „Lieber Vater, da liegt der Doktor."

Da sprach der Vater: „Ach du dummer Kerl, bringst mich um meine 200 Gulden. Warte ein Weilchen, ich will einen Löffel aus dem Dorf holen und dir den Doktor oben wieder einfüllen. Ich will doch einen Doktor nach Haus bringen! Denn du könntest uns viel nützen in der Gemeinde, die auf dich hofft und baut. Du könntest unsere Sachen wohl führen, dann brauchten wir keinen Advokaten!"

Aber der Sohn wollte das Füllen nicht. So brachte der Vater einen Narren nach Haus, wie sie beide zuvor gewesen waren. Und die ganze Gemeinde lachte schallend darüber.

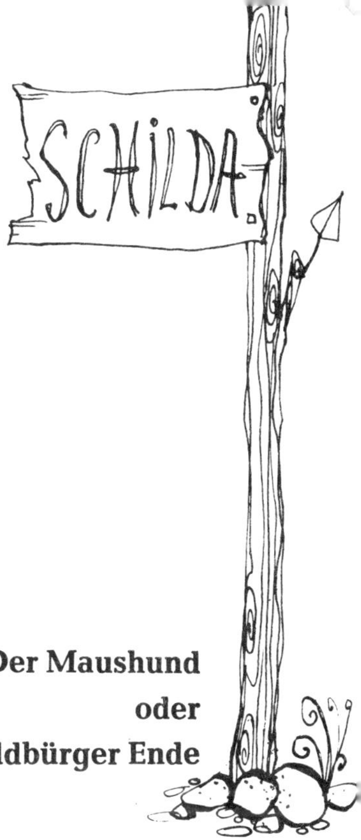

Der Maushund
oder
Der Schildbürger Ende

Die Schildbürger hatten keine Katze, aber so viele Mäuse, daß ihnen auch im Brotkorb nichts sicher war. Alles, was eßbar war, wurde aufgefressen oder zernagt, so daß sie es ordentlich mit der Angst bekamen.

Da begab es sich zu einer Zeit, daß ein Wandersmann durch ihr Dorf zog, der trug eine Katze auf dem Arm und kehrte beim Wirt ein.

„Was ist denn das für ein Tier?" fragte der Wirt.

„Ein Maushund", erwiderte er.

Nun waren die Mäuse zu Schilda so zutraulich und zahm, daß sie vor den Menschen nicht wegliefen. Sie tummelten sich bei Tag ohne alle Scheu. Darum ließ der Wandersmann die Katze los, und sie erlegte alsbald vor den Augen des Wirtes eine Menge Mäuse.

Als der Wirt dies der Gemeinde berichtet hatte, fragten sie den Mann, ob er ihnen den Maushund verkaufen wolle, sie würden ihn gut bezahlen.

„Nun", sagte der Mann, „ich will ihn zwar nicht verkaufen; aber wenn ihr ihn so nötig habt, werde ich ihn euch dalassen. Ihr müßt mir nur dafür geben, was recht und billig ist."

Wieviel er haben müsse, fragten sie.

„Einhundert Gulden", antwortete er.

Da waren die Bürger froh, daß er nicht mehr gefordert hatte. Sie wurden handelseinig, daß sie ihm die Hälfte gleich bar bezahlen wollten, den Rest solle er sich in einem halben Jahr holen kommen. Der Kauf wurde abgeschlossen, der halbe Kaufpreis entrichtet, und er trug ihnen den Maushund in ihren Speicher, wo sie ihr Getreide liegen hatten. Dort waren die allermeisten Mäuse.

Der Wanderer zog eilends mit dem Geld von dannen und sah sich oft um, ob ihm auch niemand nachkam. Denn er fürchtete, der Kauf könne die Schildbürger gereuen, so daß sie ihm das Geld wieder abnähmen.

Nun hatten die Bürger vergessen zu fragen, was der Maushund esse. Darum schickten sie eilig einen Boten hinter dem Wandersmann her, der ihn danach fragen sollte. Als der ihn kommen sah, lief er um so schneller, so daß der Bote ihn nicht einholen konnte und ihm deshalb von fern zurief:

„Was frißt er? Was frißt er?"

„Alles, was ihr gebt!" antwortete der Wandersmann und lief weiter.

Der Bote aber hatte verstanden: „Alles, was lebt", kehrte voll Angst wieder um und berichtete es den Schildbürgern. Die erschraken sehr darüber und sprachen untereinander: „Wenn er keine Mäuse mehr findet, dann wird er all unser Vieh auffressen und schließlich uns selber! Und so was haben wir für unser gutes Geld gekauft!"

Und sie beschlossen, die Katze zu töten. Aber niemand traute sich, sie anzufassen. Darum wurden sie einig, sie im Speicher mit Feuer zu verbrennen. Denn das sei ein geringerer Schaden, als wenn sie alle um Leib und Leben kämen. Also zündeten sie ihren Speicher an.

Als aber die Katze das Feuer roch, sprang sie zum Fenster hinaus und floh in ein anderes Haus. Der Speicher voll Korn aber brannte bis auf die Grundmauern nieder.

Niemand war ängstlicher als die Schildbürger, die den Maushund nicht loswerden konnten. Abermals hielten sie Rat, kauften das Haus, in dem die Katze saß, und zündeten es ebenfalls an. Aber die Katze sprang aufs Dach, saß dort eine

Weile und putzte sich, wie es ihre Gewohnheit war, mit der Pfote übern Kopf.

Die Bürger aber meinten, die Katze höbe die Hand zum Schwur, daß sie sich furchtbar rächen werde. Da wollte einer mit einem langen Spieß nach ihr stechen. Sie aber ergriff den Spieß und lief daran herunter zum Erdboden.

Der Mann erschrak furchtbar, mit ihm die ganze Gemeinde, sie liefen davon und ließen das Feuer brennen. Und weil niemand dem Feuer wehrte und es löschte, verbrannte die ganze Stadt, und die Katze entkam trotzdem. Die Bürger aber waren mit Weib und Kind in den Wald geflohen. Auch das Rathaus brannte nieder und mit ihm alle Akten, so daß die meisten Geschichten verlorengegangen sind. Die aber erhalten blieben, hast du, lieber Leser, gehört.

Die Schildbürger aber wanderten aus Angst vor der Rache des Maushundes in alle Welt hinaus. Davon kommt es, daß man heute überall Narren findet.

ENDE

In Farbe

GESCHICHTEN FÜR DAS GANZE JAHR

Erzählt
und mit vielen bunten Bildern versehen
von
Berti Breuer-Weber

Zwölf Monate hat das Jahr, und jeder Monat hat seine Besonderheiten und, für alle Kinder, seine eigenen Spiele und Freuden. Zwölf Geschichten für das ganze Jahr enthält auch dieses bunte Bilderbuch. Lustig dreht sich das Jahr. Wer möchte da nicht mitfahren auf diesem Kinderkarussell?

Inhalt

80 Seiten, mehrfarbiger Offsetdruck

Christian Carsten

RÄUBER SIND AUCH MENSCHEN!

Mit vielen Zeichnungen
von
Ute Martin

Als der kleine Ötte im dunklen Wald unter die Räuber fällt, kriegt er zuerst einen furchtbaren Schrecken. Aber schon bald merkt er, daß die finsteren Gesellen gar nicht so schlimm sind, wie sie tun. Räuberhauptmann Archibald ist sogar eigentlich ein guter Mensch, und mit seiner Nichte, der kleinen Tamara, freundet sich Ötte schon bald an. Schließlich nimmt alles — aber das wollen wir nicht verraten, das müßt Ihr selber lesen!

176 Seiten, Zweifarbendruck